絶対に住めない
世界の
ゴーストタウン

クリス・マクナブ

本書は英 Amber Books 社の書籍「GHOST TOWNS」を翻訳したものです。内容については、原著者の見解に基づいています。
今後の調査等で新たな事実が判明する可能性もあります。

CONTENTS

4　はじめに

6　東アジア

28　中央アジア

42　インド亜大陸

64　中東

84　アフリカ

106　ヨーロッパ

142　北米

174　中南米

194　オーストラリア

210　南極

222　世界ゴーストタウンマップ

カバー写真：Enolabrain

はじめに

ゴーストタウンという言葉は、人々が廃墟に引かれる理由を如実に表している。
打ち捨てられた町には、本当に幽霊が出そうな空気が漂い、
がらんとした部屋や風にきしむ扉、静まり返った道には、
かつて住んでいた人々の痕跡が染みついている。
ポンペイやチェルノブイリのように、
戦慄を覚えるほど一瞬にして生活の場を奪われた町はなおさらだ。
古代ローマの遺跡でも、米国中西部の朽ち果てた鉱山の町でも、
ゴーストタウンを探検すると複雑な気持ちに襲われる。
かつて人が暮らしていた家や町や仕事場を見て回る楽しさを感じると同時に、
そういった場所に土足で足を踏み入れているような後ろめたさを覚えるのだ。
ゴーストタウンは貴重な史料であり、人類の歴史の一端を映し出す窓そのものでもある。
ただの残骸とは違い、当時の建物がそのまま残されており、
何十年あるいは何百年というはるか昔の時代を生きていた人々の暮らしを
肌で感じることができる特別な場所なのだ。

米国ネバダ州ゴールドフィールドには、かつて3万人が暮らしていたが、町の屋台骨だった金鉱業が衰退すると、次第に活気を失い、住民が去っていった
崩れゆく要塞都市シャーリーは、紀元前10世紀に、エジプトの西方砂漠にあるシワ・オアシスに建設された。

東アジア

東アジアに点在するゴーストタウンの歴史的背景は、千差万別だ。その中でも、地域社会や支配者たちの信仰のよりどころだった寺院などを中心に築かれた、古代や中世の町は多い。本章で紹介するタイのワット・プラシーサンペットはその代表例だ。古代アユタヤ王朝の首都に築かれた昔の王宮だが、1767年にビルマが侵入し、400年の歴史に終止符が打たれた。こうした本質的な美しさと歴史的重要性を兼ね備えた遺跡は、当然のごとく旅人や観光客を魅了する。だが不思議なことに、そんな遺跡とは対照的に、東アジアに続々と誕生している現代版のゴーストタウンも、人々の興味を引きつけてやまない。現代の町や都市がゴーストタウン化する原因の一つは、地域を支えていた主要産業が衰退するなどといった、経済情勢の変化だ。都市開発に入れあげるあまり、そもそもの計画自体に無理があるというケースも目につく。例えば中国では、2000年から2010年の間だけで、経済成長と資金調達の容易さに後押しされ、劇的な都市人口の増加を見込んで、2万3700平方キロにも及ぶ都市開発が行われた。だが実際には、中国各地で都市人口が減少し、未来都市さながらの外観とは裏腹に不気味な複合団地が林立し、来る当てのない人々をむなしく待ち続けている。

テムズタウン
中国、上海、松江（ソンジャン）新城

テムズタウンは、ここ20年で中国各地に次々と誕生し、想定通りに人口が増えなかったニュータウンの一つだ。テムズタウンというだけあって、多くの通りや建物が英国風の造りになっている。

2
呈貢（チェンゴン）
中国、雲南省

2013年11月に撮影された、雲南省呈貢の閑散とした市街地を貫く、無人の高速道路。当時、このニュータウンは、東アジア最大のゴーストタウンに数えられていた。その後、オフィスビルや住宅に、ぽつりぽつりと人影が見られるようになったが、まだ空き物件が多い。

呈貢
中国、雲南省

不気味な雰囲気が漂う、呈貢の道路や建物。中国では、人口が過密になった都市からあふれた人々の受け皿として、ニュータウン開発が進められたが、その結果、呈貢のような巨大ゴーストタウンがいくつも誕生した。呈貢は、昆明（クンミン）のすぐ南に衛星都市として築かれた。

3
**オルドス
内モンゴル**

2011年8月16日に撮影された、内モンゴルのオルドス市、康巴什（カンバシ）新区の近くに林立する、無人の団地。開発当初は、2023年までに人口が100万人に達すると見込まれていたが、その目標は30万人に下方修正された。

④ 天都城　中国、杭州

天都城は、明らかにパリをイメージして建設された都市だ。長い並木通りの先には、高さ108メートルのエッフェル塔のレプリカがそびえ（上）、湖畔にはフランス風の城が建つ（右ページの上）。野外シアター（右ページの下）や噴水や美しい公園もある。2007年から入居が始まったが、2013年までに移り住んだのはわずか2000人で、適正人口の1万人には遠く及ばない。前述のテムズタウンと同様、天都城にも、西洋を代表する都市への開発業者の憧憬が反映されている。建物の造りは、実際のニーズに即したものではなく、ディズニーのおとぎの国を思わせる外観重視のものであることは否めない。

ボーコー・ヒル・ステーション
カンボジア、プレア・モニボン・ボーコー国立公園

東南アジアの各地には、フランス植民地時代の建築物が残っており、かつてフランス領インドシナだったベトナム、カンボジア、ラオスで特に多く見られる。現在はプレア・モニボン・ボーコー国立公園の一部になっている、ボーコー・ヒル・ステーションは、もともと1920年代にフランス植民地の高原リゾートとして建設されたが、1940年代後半にフランスが放棄した。写真は、リゾート施設の一部だったカジノの入り口。

**端島(はしま)
日本、長崎**

上空から見た形から、「軍艦島」の異名を持つ端島は、長崎の沿岸から15キロの沖合に位置する。19世紀末に建設され、巨大な海底炭鉱の町として栄えたが、日本が石炭資源に依存しなくなると衰退、1974年の閉山に伴って放棄された。

パパン
マレーシア、ペラ州

ペカン・パパン（パパン・タウン）は、19世紀、マレーシアのペラ州に彗星のごとく出現した小さな町だ。当初は林業の町として、20世紀初頭にはスズ鉱山の町として栄えた。第二次世界大戦中には日本軍の占領下にあり、1980年代にスズ産業の繁栄が終えんを迎えたことが要因となり、町は徐々に衰退していった。近隣住民の間では、超常現象が見られるという噂が絶えない。

スンガイ・レンビン
マレーシア、パハン州

パハン州クアンタンにあるスンガイ・レンビンも、マレーシアのスズ産業の衰退により廃れた町だ。世界最長最深の坑道を有する最大級の規模の鉱山で潤い、20世紀前半の最盛期には、周辺地域一の豊かさを誇った。現在では、定期的に大洪水に見舞われ、人口減少が著しい。

三芝（サンジー）UFOハウス
台湾、新北（シンペイ）

UFOハウスやポッド・ハウスなどと呼ばれるこの奇抜な建物群は、1970年代に駐留米軍兵士の保養所として建設された。建設中、事故や自殺による複数の死者を出し、開発計画は頓挫、不吉なイメージを払拭できず、放棄された。2010年までにすべての建物が取り壊された。

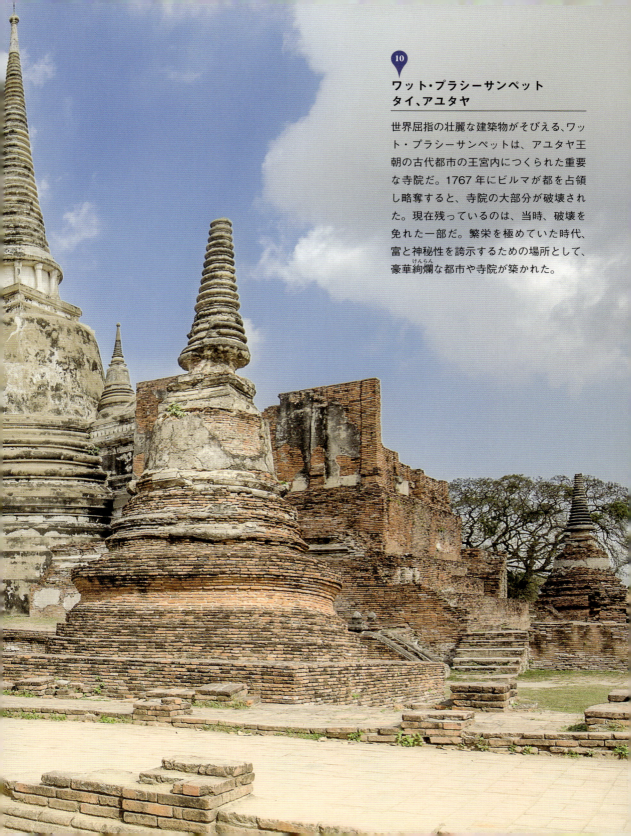

10 ワット・プラシーサンペット
タイ、アユタヤ

世界屈指の壮麗な建築物がそびえる、ワット・プラシーサンペットは、アユタヤ王朝の古代都市の王宮内につくられた重要な寺院だ。1767年にビルマが都を占領し略奪すると、寺院の大部分が破壊された。現在残っているのは、当時、破壊を免れた一部だ。繁栄を極めていた時代、富と神秘性を誇示するための場所として、豪華絢爛な都市や寺院が築かれた。

中央アジア

地球上の広大な面積を占める中央アジアには、人口密度が著しく低い地域がある。例えばカザフスタンの国土は、西ヨーロッパとほぼ等しい面積だが、西ヨーロッパが5億人に近い人口を有するのに比べ、その総人口は1800万人と少ない。また中央アジアは、経済や政治の激変に見舞われ、地理的な変化にさらされてきた場所でもある。かつては帝国の興亡が繰り返され、砂漠や草原や山々に、シルクロードに代表される交易路が幾重にも張り巡らされ、多くの人々が行き交っていた。20世紀になると、多くの中央アジアの国々が、ソ連のイデオロギーの傘下に組み込まれた。とりわけスターリン政権下では、特定の民族コミュニティーがそっくりそのままグラグ（矯正労働収容所）や極東の不毛の地へ送られるなど、国家による容赦ない統制が行われた。ソ連全土で戦争や虐殺が繰り返され、ソ連の崩壊後も、中央アジアには分断の傷跡が残った。特にアフガニスタンに顕著だが、ほかにもジョージア、ナゴルノ・カラバフ、チェチェン共和国などで紛争が延々と続くことになった。このような混乱の中で、環境、人口、経済の変動があったことを考えれば、中央アジアに数々のゴーストタウンが存在するのは、何ら不思議なことではない。その中には、いにしえの町もあれば、ほんの数十年前まで存在していた町もあるが、いずれの町も時代の荒波に翻弄された人々の歴史を今に伝えている。

アグダム
ナゴルノ・カラバフ／
アゼルバイジャン

現在のアグダムを見る限り、この地が1989年に人口約2万9000人の町として栄えていたとは到底思えない。1991年のナゴルノ・カラバフ紛争でアルメニア軍に占領された後、破壊された。略奪と建材を確保するための家屋の解体で、見る影もなく荒廃してしまった。

12
オトラル
カザフスタン、南カザフスタン州

紀元前1世紀に誕生したオトラルは、中世になるとシルクロードの中継地として栄えた。政治的な混乱、戦争、灌漑用水の緩やかな枯渇、経済情勢の変化により、19世紀にはゴーストタウンと化した。

 13

**ドッセル
カザフスタン**

カザフスタンのドッセルの荒れ果てた通りに建ち並ぶ、ソ連時代の住宅。カザフスタンは、主にソ連からの独立が契機となり、1990年代から社会的にも政治的にも大きく変化した。石油化学産業の発達を主な要因とする大規模な人口移動が起こり、かつては栄えていた町や村で、無人化するところが出てきた。人々は仕事やチャンスを求め、広い国土の見知らぬ土地に移り住んでいったのだ。

アブハジア

人けのないアブハジアの都市部に、動物たちがいくばくかの活気をもたらしている。ここは、中央アジア南部のジョージアの北西に位置する、国際的にはほぼ未承認の国だ。ひもに干された洗濯物や家畜が、わずかに人間の営みを感じさせる。アブハジア戦争中（1992年〜93年）から戦後にかけて、数十万人のジョージア人が、この地域を追われた。

トゥクバルチェリ発電所　アブハジア

1990年代のアブハジア戦争の間、トゥクバルチェリはジョージア軍に包囲されていた。市は包囲を持ちこたえたものの、その後、人心も経済も深い傷跡から立ち直ることができず、急激に衰退していった。1989年に2万2000人近かった人口は、わずか数千人にまで落ち込み（2011年時点で約5000人）、市街地と周辺地域の大部分が無人のままだ。写真は、さびついたトゥクバルチェリ火力発電所の遺構。包囲された最初の年に爆破されて停止し、住民は1年以上にわたって電力を奪われた。

ポリャーナ
アブハジア

アブハジアのポリャーナは炭鉱の町だったが、この地域における石炭産業の衰退と戦争による破壊で、町は縮小し、かつての面影を失ってしまった。アブハジアのゴーストタウンの多くには、実はわずかながらまだ住人が残っており、今にも崩れ落ちそうな住居で、細々と暮らしている。

**カブールからチャリカール・ロード
アフガニスタン、パルワーン州**

過去40年間、アフガニスタンは地球上のどの国よりも、多くの武力紛争に見舞われてきた。時に超大国も介入した絶え間なく続く戦争は、多くの人命を奪った。特に地方には、戦闘や経済制裁の巻き添えとなって荒廃した村がいくつも点在している。

インド亜大陸

**ビジャヤナガル
インド、カルナータカ州、
ベラリ県**

現在、ハンピと呼ばれている村がある一帯は、かつて南インドのビジャヤナガル王国の首都ビジャヤナガルだった。都市全体の景観は変わり果ててしまったが、見事な彫刻や遺跡がかろうじて原形をとどめ、神話の世界や当時の社会の一端を今に伝えている。

　果てしなく広いインド亜大陸には、壮大な物語がある。マウリヤ朝、ムガル帝国、グプタ朝、マラーター王国、クシャーナ朝、英領インド帝国をはじめ数々の帝国が興亡を繰り返した。その中には、現在のインド、パキスタン、バングラディッシュに及ぶ広大な地域を何百年にもわたって支配した帝国もある一方、数十年間、栄華を極め、火が消えるように唐突に滅亡し、その繁栄が一瞬で終わった帝国もあった。そしてかつての帝国の名残で、インドには桁外れに荘厳で堂々とした遺跡やゴーストタウンが数多く存在し、壮麗な建築物はもとより、インドの政治や伝説や精神世界を描いた精緻な彫刻を随所に目にすることができる。例えば、ビジャヤナガル王国の首都で、40平方キロメートルの広さを誇ったビジャヤナガルは、全盛期には140カ所もの聖地を擁していた。今でも数十に上る寺院や像が形をとどめ、往時の繁栄をしのばせる。インドは、商業、戦争、地理、信仰、そして圧倒的な人口数によって形成されてきた国なので、幾度も歴史が塗り替えられ、その都度、建築物や社会基盤が過去の足跡として残されてきた。さらに、伝説や迷信が重んじられているがゆえに放棄されたままの町や都市も多い。周辺地域の住民が、何世紀も前にかけられたという呪いをいまだに信じているために、誰も近寄らず、打ち捨てられているのだ。

**ビジャヤナガル
インド、カルナータカ州、ベラリ県**

ビジャヤナガルのビッタラ寺院には、中世のインドの最高傑作がある。ラサと呼ばれる神聖な石の馬車で、かつては最上部に、ビシュヌ神の乗り物である神鳥ガルーダが配されていた。もともとは実際に車輪が回転する構造になっていたが、観光客に壊されることを懸念し、セメントで固定された。

17

**ジャハズ・マハール
インド、デリー、メヘラウリー**

ジャハズ・マハールでは、建物と水が織りなす絶景が見られる。周りを囲む人工池に映る建物が、海に浮かぶ船のように見えることから、「船の宮殿」を意味する名で呼ばれるようになった。15世紀から16世紀にかけて建設されたこの宮殿は、当初は旅人の宿泊や休憩、遊興のための施設だった。

ポートブレア
インド、アンダマン・ニコバル諸島、ロス島

廃墟となった古い長老派の教会が、着実に自然と同化していく。建物の基礎や壁を覆うつるや木の根が、かつては凝ったチーク材の枠で飾られていた窓から伸びている。この教会が建っているのは、インド洋に浮かぶアンダマン・ニコバル諸島に属するロス島のポートブレアだ。英国がインド亜大陸の植民地化を進めていた18世紀末、ここに居留地が建設された。全盛期には上流階級の人々で賑わったが、およそ150年に及ぶ植民地時代を通じて、辺境の島々への入植は容易ではないことがわかってきた。疫病が多くの人々の命を奪い、入植者と先住民との間で暴力沙汰が絶えなかった。1858年以降、ロス島は流刑地となり、過酷な監獄にはインドの政治犯が収容された。

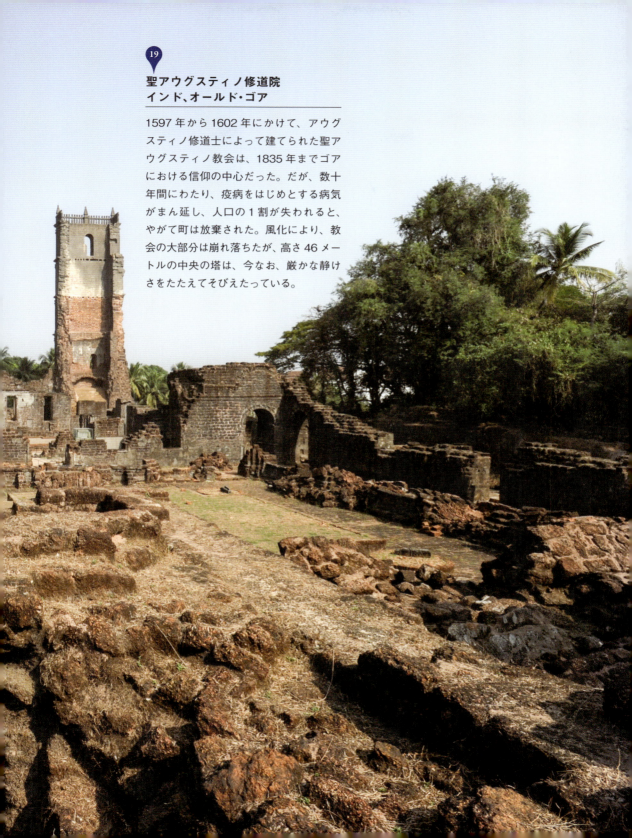

19
聖アウグスティノ修道院
インド、オールド・ゴア

1597年から1602年にかけて、アウグスティノ修道士によって建てられた聖アウグスティノ教会は、1835年までゴアにおける信仰の中心だった。だが、数十年間にわたり、疫病をはじめとする病気がまん延し、人口の1割が失われると、やがて町は放棄された。風化により、教会の大部分は崩れ落ちたが、高さ46メートルの中央の塔は、今なお、厳かな静けさをたたえてそびえたっている。

クルダラ
インド、ラジャスターン州、ジャイサルメール付近

ジャイサルメールの西方、約20キロに位置するクルダラは、不気味で荒涼とした場所だ。13世紀に築かれ、1000人ほどが暮らす繁栄した集落だったが、19世紀になぜか突然放棄された。地元の伝説では、悪徳地方役人が、この村に呪いをもたらしたせいだとされているが、灌漑の問題から放棄されたのだという、現実的な説もある。どちらにしても、呪われた村という言い伝えがあるこの場所に、再び人が住むことはなかった。

21
ゴールコンダ城砦
インド、ハイダラーバード

ハイダラーバードから 11 キロの地点に位置するゴールコンダ城砦は、14 世紀から 17 世紀にかけて、ゴールコンダ王国の首都だった。当初は泥レンガ造りだったが、16 世紀に花崗岩を用いて増築された。17 世紀には、当時皇太子だったムガル帝国のアウラングゼーブ帝が率いる兵に包囲されながら 9 カ月間持ちこたえたが、裏切り者の奸計で、内側から門が開けられたために陥落した。

ラクパト要塞
インド、グジャラート州、カッチ

インドとパキスタンの国境に静かにそびえる、巨大なラクパト要塞。城壁や塔や稜堡(りょうほ)を擁した警戒厳重なかつての軍の駐屯地も、今では動物たちのすみかだ。7キロにわたる壁の内側の町は、米取引と海上貿易で潤い、繁栄していた。ところが1819年に発生した地震によって、町を流れていたインダス川の向きが変わってしまいその命運が尽き、急激に衰退した。ラクパトは、シク教、イスラム神秘主義のスーフィズム、ヒンドゥー教と関わりがあり、現在は観光客以外に、巡礼者も足を運ぶ。

23 ファテープル・シークリー宮殿のパンチ・マハル
インド、ウッタル・プラデーシュ州

ファテープル・シークリーは、1569年にムガル帝国の皇帝アクバルが築いた都だ。1571年から1585年にかけてムガル帝国の首都だったが、持続的に利用できる水源が見つからなかったことや戦略上の理由で放棄された。現在、周辺地域は人口3万人を擁する都市となり、宮殿エリアは観光名所となっている。現存する建物の一つパンチ・マハル（五層閣）は、仏教寺院のように見えるが、実際には娯楽施設だった。

24 バーンガル
インド、ラジャスターン州、ラージガル

1573年に築かれたバーンガル砦の一帯には、数々のヒンドゥー教寺院の遺跡が見られる。18世紀以降放棄されたままになっており、この地にまつわる伝説や迷信が今も語り継がれている。どの言い伝えにも共通する点は、この場所は呪われているということだ。地元の人々の多くは、現在でもそれを信じている。

 25

**パナムシティ
バングラデシュ、ナラヤンガンジ、
ショナルガオン**

かつてのパナムシティはショナルガオンの中心地で、ベンガル地方の商業と貿易の要衝(ようしょう)であり、15世紀の支配者イサ・カーンの時代にはベンガルの首都だった。ショナルガオンの起源は中世に遡(さかのぼ)るが、パナムシティ自体は19世紀に英国が築いた町で、大英帝国に莫大な利益をもたらした、綿製品の取引拠点だった。当時の壮麗な建物は薄気味悪い廃墟と化し、過ぎし日の栄華を物語っている。国の文化財保護機関によって、ある程度の修復作業が行われてきた。

中東

**ソルターニーイェ
イラン**

イランの空に、くっきりと浮かび上がるソルターニーイェのオルジェイトゥ廟。1302年から1312年にかけて建設されたイルハン朝第8代君主の墓だ。高さ50メートルのターコイズブルーの陶製のタイルで覆われたドームは、悠久の時を経ても色あせることなく、際立っている。長く放置されていたが、現在はイラン政府が管理している。

　中東には、荒々しい自然が描き出す独特の美しさがある。不毛の大地が延々と続き、一年のうち何カ月も灼熱の太陽が砂や石を焼く。大河の流域や山岳地帯など、青々と緑の茂る豊かな土地もないわけではないが、過去の歴史を振り返っても、とりわけ水源の確保という点で、中東の気候や環境が人間にとって過酷なものだったことは確かだ。中東には、生命の維持に欠かせない水が時とともに枯渇するという、単純な理由で無人化した村も存在する。飲料水を確保するために何キロも歩くことを余儀なくされ、作物に水を引くこともできなくなって住民が去っていったのだ。

そんな厳しい自然環境にさらされながら、何千年も続く中東の歴史と文化の中で数々の文明が花開き、帝国が興り、最先端の芸術、建築、都市計画、数学、冶金、科学、教育が生み出された。世界三大一神教のユダヤ教、キリスト教、イスラム教もこの地で誕生した。しかし、多くの中東の町や都市はやがて受難の時を迎え、歴史の中で築き上げてきた文明は後退し、いくつかは失われてしまった。かつては豊かで活気のあった地域でも、今ではもぬけの殻となり、訪れるのは観光客のみとなったところもある。また、絶え間なく続く悲惨な戦争も、ゴーストタウンが増加する原因になっている。

27
**サップ・バニ・ハミス
オマーン、ジュベル・アフダル、
ワディ・アン・テフル**

オマーンが部族社会だった時代に、「オマーンのグランドキャニオン」と称される高地にあるサップ・バニ・ハミス村には、約30世帯が暮らしていたが、1970年代に放棄された。防衛上有利な立地にあり、水利にも優れていたこの村では、スイカ、小麦、トマト、タマネギ、バジルなどが栽培されていた。

28
**ワディ・バニ・ハビブ
オマーン**

ワディ・バニ・ハビブの廃村も、ジュベル・アフダル(「緑の山」の意)に点在する多くの建築遺産の一つだ。オマーンの首都マスカットから約 150 キロ、標高 3000 メートルに位置するジュベル・アフダルは、1950 年代に悲惨な戦争の舞台となり、多くの山村から住民が逃げ出した。

**右と下：アル・フウェイル
カタール、アッシャマール**

アル・フウェイルは、カタール北端の海岸にあった漁村だ。カタール沿岸には漁村が点在していて、住民は漁でぎりぎりの暮らしを営んでいたが、やがて立ち行かなくなり、アル・フウェイルも1970年代に放棄された。がれきと化した住居は、酷暑の土地ならではの伝統的な技法で建てられていた。屋内を涼しく保つため、サンゴ石と石灰岩でできた壁は厚く、屋根は熱や冷気を遮断する多層構造になっている。

30

**ヒジャーズ鉄道
サウジアラビア**

閑散とした駅が、かつてここをヒジャーズ鉄道が通っていたことを物語っている。ヒジャーズ鉄道は、ダマスカスとメディナやメッカの聖地を鉄道で結ぶため、オスマン帝国のスルタン、アブデュルハミト2世の命令で1900年に建設が始まった。1908年には、ダマスカスからメディナまで開通し、移動時間が劇的に短縮されたが、1916年から1918年のアラブ反乱の際に、鉄道はオスマン帝国に対する攻撃目標となって大部分が破壊され、帝国が崩壊すると放置された。

31
アル・ウラー
サウジアラビア

アル・ウラーの光景は、2500年以上の時を経た今でも、見る者を圧倒する。城壁で囲まれたこの都市は、紀元前6世紀に築かれ、13世紀に大規模な再建が行われて、800軒もの泥レンガと石造りの家を擁するまでになった。小道と壁が迷路のように入り組み、小さな庭のある家々がひしめき合うように建ち並んでいた。近くにできた新しいアル・ウラーの町に人々が移り住み、1980年代に最後の住人が去った。

32

**アパメア
シリア**

現代人をも驚嘆させる古代ギリシャと古代ローマの古都アパメアは、紀元前300年に建設され、最盛期には人口が50万人に達していたと考えられている。写真は、2世紀に建設された壮大な大通り、カルド・マクシムスだ。古代ローマ時代の列柱道路の遺跡としては最長で、2キロにわたって続く。残念なことに、現在も続くシリアの内戦の間に、過激派組織イスラム国（IS）によって故意に破壊されてしまった。

 33

**上：クネイトラ
シリア、ゴラン高原**

クネイトラは呪われた運命をたどった都市だ。1967年と1973年に勃発した第三次および第四次中東戦争において、シリア軍とイスラエル軍がゴラン高原で繰り広げた戦闘の前線となったのだ。戦闘とその後のイスラエル軍による占領下の間、都市は壊滅的な打撃を受け、ほとんどが再建されないままになっている。この建物はシリア軍の地上部隊の本部だった。

**下：クネイトラ
シリア、ゴラン高原**

クネイトラの建物の内部写真は、砲撃や空爆がもたらした惨劇をまざまざと見せつける。廊下は高性能爆弾によって吹き飛ばされ、かろうじて残った部分には爆弾の金属片が全面に突き刺さっている。

クネイトラ
シリア、ゴラン高原

左の写真の建物の内部。深遠な落書きが、廃墟と化した周囲に、心なしか穏やかな雰囲気をもたらしている。イスラエル軍は、撤退前の1973年から74年にかけて、ブルドーザー、トラクター、爆弾を用いて、すでに打撃を受けていたクネイトラを徹底的に破壊した。現在数十人が、がれきの中で暮らしていこうとしている。

34

ティグラン・ホネンツ聖グリゴル教会
トルコ、アニ

トルコのアニに建つ、打ち捨てられたティグラン・ホネンツ聖グリゴル教会ほど、見るだに寂寥感を漂わせている宗教施設はない。13世紀に、アルパチャイ渓谷のはるか高台に建てられ、内部には、キリストの一生と、聖グリゴルの一生という二つのテーマによる印象的なフレスコ画が描かれている。アニは、現在のトルコのカルス県に属する、アルメニアの都市遺跡だ。5世紀に築かれ、10世紀と11世紀にはバグラトゥニ朝アルメニアの首都だったが、戦争と風化により、17世紀には廃墟となっていた。

下：大聖堂
トルコ、アニ

アニの美しい荒野にキリスト教の足跡を刻んで、今なお、ひっそりとたたずむ大聖堂。この建物は都市の南端に建っていた大聖堂の一部で、当初は中央に堂々たるドームがあり、現在の姿からは想像もつかない立派な建築物だった。

右のページの上と下：救世主教会
トルコ、アニ

アニにある有名な救世主教会の心に迫りくる景観。数百年という時の流れがもたらした腐食と風化により、建物は朽ち果てた。この教会は1035年に完成し、その後、数回にわたって修復されたが、18世紀の半ばに町全体が放棄され、厳しい自然にさらされてきた。建物の東半分が完全に失われたのは、1957年のことのようだ。地元の人々によれば、大嵐の夜に遠くのほうで石造りの建物が崩れるような衝撃音が聞こえ、整備されていなかった教会の建物が崩壊したのだという。

35
カヤキョイ
トルコ、フェティエ

カヤキョイは、ギリシャ人とトルコ人がともに暮らす、活気のある村だったが、オスマン帝国の滅亡に伴って政治情勢が変化し、ギリシャ正教徒が排斥され、村は衰退し始めた。その後の地震が決定的な打撃となり、完全な廃村になった。

アフリカ

アフリカ大陸は、多様かつ極端な地形、浮沈の激しい歴史など、あらゆる意味で驚異に満ちている。本章で紹介するゴーストタウンは、そういった多様性や、何千年という時の流れの中で、歴史上の強大な力が作用してきたことを物語っている。ひときわ目立つのは、何といっても古代エジプトの遺跡だ。古代ローマ帝国の繁栄や、キリスト教の誕生よりもはるか昔に育まれた世界屈指の偉大な文明の足跡が刻まれている。そして、それと対極にあるのが、近年の紛争における残虐行為によって、わずか数年前に誕生した新たなゴーストタウンだ。アフリカは、過去300年間、帝国主義の盛衰に翻弄されてきた。とりわけヨーロッパ諸国による植民地獲得競争では、甚大な影響を被った。豊かな資源を奪取しようと、英国、フランス、ポルトガル、イタリア、ドイツなどの列強がアフリカを分割し、その大地にくっきりとヨーロッパの刻印を押し付けた。朽ちゆく多くのゴーストタウンには、ヨーロッパ風の街並みが残されている。価値が認められて、一部もしくは大部分が保存されたり、改修されたりしている町もある。一方で、辺境のゴーストタウンの多くは放置され、町や村が次第に自然と同化していっている。

左:
ソリテア
ナミビア、ホマス州

案内板に住民の数が記されているように、ナミビアのソリテアは厳密な意味でのゴーストタウンではない。わずかだが人が住んでおり、人口の変動もみられる。だが、施設はほとんどなく、何万ヘクタールもの農地が広がっていて、荒涼とした辺境の地であることは否めない。

**ソリテア
ナミビア、ホマス州**

密生するサボテンの中に給油機がぽつんと一台あるだけのガソリンスタンドは、ソリテアの貴重な施設だ。ほかにあるものといえば、雑貨屋、郵便局、パン屋くらいだ。

バイア・ドス・ティグレス
アンゴラ

アンゴラの南西部と危険の潜むナミビアの砂漠の沖合に浮かぶ小さな島バイア・ドス・ティグレスでは、砂丘がゆっくりと建物を飲み込んでいく。島にはかつて活気に満ちた漁村があったが、島と本土を結んでいた土手道が1960年代に寸断されたため、1970年代になると漁民が去り、村は砂の中に埋もれていった。

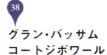

グラン・バッサム
コートジボワール

フランスの探検家たちが象牙海岸を最初に訪れたのは15世紀だが、このアフリカの片隅をフランスが植民地としたのは19世紀になってからだ。グラン・バッサムは行政の中心地として1890年代にフランスが築いた町で、象牙海岸におけるフランス領の首都だったが、1896年に黄熱病が流行したため、当局はやむなく首都をバンジェビルに移転した。現在、グラン・バッサムは二つに分かれている。古バッサムはフランスの植民地時代に栄えた地区で、この写真の通り、当時の建物が朽ち果てた姿をさらしている。新バッサムは、現在の商業地域だ。旧市街は2012年にユネスコの世界遺産に指定され、観光地として人気が出たが、2016年に近隣の浜辺のビーチでアルカイダのテロリストによる銃撃があり、16名が命を落とし33名が負傷したことから、観光客の足が遠のいてしまった。

シャーリー要塞
エジプト、シワ・オアシス

エジプトの西部砂漠の辺境シワ・オアシスには、紀元前10世紀から続く町があった。崩れゆく見事な古都は、今のところ、シャーリー要塞の名残がかろうじて有機的な形態をとどめてはいるが、次第に消失しつつある。カルシフと呼ばれる岩塩と泥の混ざったレンガでつくられているため、雨で風化しやすく、1926年の豪雨で都市の大部分が崩壊した。

**ウンム・エル・ハウェイタット
エジプト、サファガ**

打ち捨てられ、外壁以外何も残っていないウンム・エル・ハウェイタットの町は、1920年代の初めにリン鉱山労働者とその家族のために建設された。学校、商店、病院、モスクなどを完備した、人口1万6000人の豊かな町にまで成長した。だが、1996年の嵐で被災し、鉱山が閉鎖に追い込まれると、町は収入源を失い、2000年には完全に放棄された。

左：
タウェルガ
リビア

タウェルガは、2011年に突然放棄された。「アラブの春」と呼ばれる民主化運動で、政府が掌握している町を反体制派が攻撃したのだ。戦闘の激しい砲撃から逃れた住民は離散し、劣悪な環境の難民キャンプに身を寄せた。

p.98〜99：
ワルザザート
モロッコ

かつてフランスの前哨基地だったモロッコのワルザザートは、長いこと顧みられなかったが、時代を超越した美しい景観がハリウッドの映画プロデューサーの目に留まり、古代ギリシャや古代ローマ、アフリカの都市を舞台とする映画のロケ地として使用されるようになった。

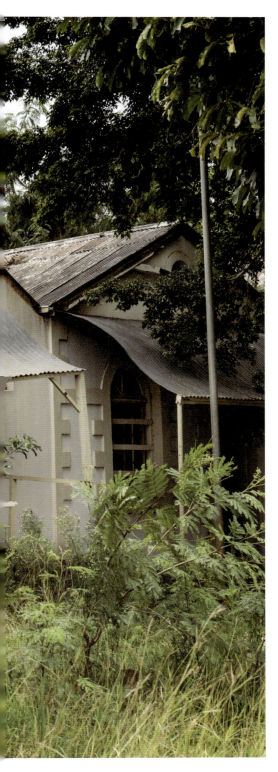

**左：
レイズドープ
南アフリカ、リンポポ州**

現在は廃村となっているレイズドープは、1880年代に、近郊のマーチソン山脈で突如降ってわいたゴールドラッシュを背景に、にわかに活況を呈した。金の採掘者とその家族は、白しっくい塗りの都会風の家を急ごしらえで建て、一獲千金を夢見て金鉱で働き始めた。

**上：
レイズドープ
南アフリカ、リンポポ州**

レイズドープ周辺の採掘場に残る、かつてのしゃれた受付。約3000人のレイズドープの住民の暮らしは厳しいもので、マラリアや町の酒場で頻発する民族間の暴力沙汰によって多くの犠牲者が出た。ウィットウォーターズランドで埋蔵量の勝る金鉱が発見されたため、レイズドープは誕生からわずか数年で放棄された。

**スアキン
スーダン北東部**

スアキンは、ポート・スーダンの南方58キロにある、紅海を臨む昔の港だ。ポート・スーダンの建設により、サンゴ石でできたスアキンの旧市街は放棄された。

**上:スアキン
スーダン北東部**

スアキンは古代ローマ時代に整備された町だが、紅海におけるアラブ交易の要衝として成長し始めたのは、紀元前10世紀のことだ。中世と、続くオスマン帝国の時代には、奴隷貿易の港だったという暗い歴史もある。だが、がれきの中に建つイスラム寺院の尖塔(せんとう)が物語っているように、メッカ巡礼の経由地でもあった。

**左:スアキン
スーダン北東部**

スアキンの旧市街には、サンゴ石の建物が建ち並ぶ。サンゴ石は成形するのが比較的容易で、その壁や柱は素晴らしい歴史遺産となっている。

タメルザ
チュニジア

周りを山に囲まれたタメルザ・オアシスに、乾ききった砂漠の中にぽつんと横たわる、肥よくな土地だ。山から流れ出る水が大地を潤し、小さな町が育まれた。皮肉なことに、1960年代の大洪水で多くの建物が破壊され、放棄された。

ヨーロッパ

ヨーロッパに点在するゴーストタウンの多さに気づいて驚くことがある。シベリアを除くヨーロッパ大陸は、世界でも突出して人口密度の高い地域で、2015年の人口は7億5000万人に迫っていた。ヨーロッパ諸国の土地や住宅の価格は概して非常に高く、需要が供給を上回っている場所も多い。だがヨーロッパは、ほかの大陸と比較しても、地理的な変化に富み、歴史的にも社会的にも多様だ。例えば気候だけを見ても、ノルウェーの北極圏とイタリアやスペインの南部の亜熱帯地域ではまったく異なる。多様性がチャンスを生むのは確かだが、地域内で不平等や排斥行為、社会不安がまん延し、ゴーストタウンが誕生する条件も整いやすい。本章では、実にさまざまな要因で放棄された村や町や都市を紹介する。主にイタリアに数多く見られるのが、地理的な大変動や、活気のある大都市への人口流出が原因となったケースだ。軍事目的で接収されて衰退の道を歩み始め、そのまま民間に返還されることがなかった町もある。一方、チェルノブイリやその周辺地域のように、未曾有の原発事故の災害のせいで人々が避難し、わずか数日で無人になってしまった土地もある。豊かに見えるヨーロッパにもゴーストタウンが存在するという事実は、小さな町はもとより、都市でさえ、永遠の運命を約束されてはいないことを物語っている。

左:
**ブッサナ・ベッキア
イタリア、リグーリア州**

ブッサナ・ベッキアは、9世紀に築かれたイタリアの典型的な美しい丘の町だ。500年以上にわたって繁栄したが、1887年2月23日、巨大地震に襲われ、2000人の住民が犠牲となって町は放棄された。この朽ち果てた建物は、町の中心的な教会だった。

**チビタ・ディ・バーニョレージョ
イタリア、ビテルボ県**

信じがたいことに、この壮観なたたずまいのチビタ・ディ・バーニョレージョは、地元で「死にゆく町」（ラ・チッタ・ケ・モアレ）と呼ばれている。テベレ川を見下ろすこの町は、13世紀に露出した火山岩の台地に築かれたが、地震による被害や自然浸食が原因で、18世紀から衰退し始めた。時に12人程度にまで減じるとはいえ、年間を通じて人影は見られる。

48

右：
**アルジェンティエラ
サルディニア島、サッサリ**

アルジェンティエラは古代ローマ時代に誕生して以来、銀鉱山の町として長い歴史を歩んできた。1960年代に入り、ついに鉱脈が尽き、町から人々が去っていった。ほかのイタリアのゴーストタウンと違い、産業遺跡としての趣が色濃く残されており、毎年多くの観光客が訪れる。

**左ページ下とこのページ：
バレストリーノ
イタリア、リグーリア州**

バレストリーノは、イタリアでも特に興味をそそるゴーストタウンだ。ジェノバの南西70キロの地に、11世紀に築かれたこの町は、政変や戦争に翻弄（ほんろう）され続けた。19世紀のイタリア統一以降、衰退し始め、地震や地下水の影響で地盤が不安定になったことが致命傷となって、1953年に最後の住人が町を後にした。立ち入りが禁じられていることも、人々の好奇心をかき立てている。

50 ポンペイ
イタリア、カンパニア州

世界的に有名なゴーストタウンのポンペイは、古代ローマの都市として繁栄していたが、79年にベスビオ火山が噴火し、高温の火砕流と降り注ぐ火山灰に住民もろとも飲み込まれた。建物や白骨化した遺体は当時のまま、火山灰に埋もれて保存された。発掘が進んだ現在は、年間250万人が足を運ぶ、世界屈指の観光地となっている。

**左のページの上：
ポンペイ
イタリア、カンパニア州**

古代都市ポンペイには、このような石畳の道が張り巡らされていた。道を横切る飛び石は、足を濡らしたり汚したりせずに道を渡れる横断歩道の役割を果たしつつ、荷車の車輪がスムーズに通れるよう間隔を開けて設置されていた。

**左のページの下：
ポンペイ
イタリア、カンパニア州**

ポンペイの裏通りの狭い路地。古代ローマの先進的な都市では、現代の米国などの都市と同じように、道路が碁盤の目のようにつくられていることが多かった。

**上：
ポンペイ
イタリア、カンパニア州**

ポンペイの有名な円形闘技場の通路。この建物は紀元前70年に築かれ、ほかの古代ローマの円形闘技場と同じように、むごたらしい剣闘士の試合が行われていた。残酷な催しとは裏腹に、建物自体は極めて洗練されている。ベスビオ火山の噴火で灰に埋もれたが、驚くほど損傷が少なかったため、歴史家たちは建物の設計や機能を詳細にわたって研究することができた。

ヘルクラネウム
イタリア、カンパニア州

79年のベスビオ火山の噴火で被災したのはポンペイだけではない。近隣の町ヘルクラネウムも、すさまじい勢いの火砕流に飲み込まれて全滅し、当時のままの状態で保存された。町やその周辺では数百人に上る犠牲者が出たが、主な死因は、火砕サージの高熱による焼死だった。ただ、住人の多くは、すでに避難していた。

52 ハノバス
スペイン、アラゴン州

美しいピレネー山脈のアラ谷には、ハノバスのような廃村や過疎の村が点在する。この一帯では、伝統的な農業の衰退や、地方から都市への人口流出が主な要因となって、過疎化が進んだ。この荒れ果てた教会の内部には、まだ色鮮やかな装飾の名残が見られる。

53 スピナロンガ島
ギリシャ

クレタ島の北東の沖合に浮かぶスピナロンガ島には、1903年から1957年まで、ハンセン病患者の隔離施設があった。この歴史が島のイメージに影を落としたため、新たな開発が行われることはなく、1962年に最後の住民が島を去った。現在ではかなりの数の観光客が訪れる。

54
**セセーニャ・ヌエボ
スペイン**

セセーニャ・ヌエボは、世界中で続々と誕生している新世代のゴーストタウンの一つだ。マドリードの南70キロの地点にあるこの異様な町は、開発を巡る不祥事と2007年から2008年にかけて起こった不動産バブルの崩壊によって破綻した、巨大な建設プロジェクトの一部だ。

**セセーニャ・ヌエボ
スペイン**

これもセセーニャ・ヌエボの風景。放棄された開発規模の大きさに圧倒される。開発計画が行き詰まり、ゴーストタウンとなった例は、アイルランドやイタリアをはじめ、ヨーロッパ各地で目につく。

55
**グッサンビル
フランス**

中世のひなびた美しさを持ち、パリから北に約19キロという好立地にもかかわらず、グッサンビルは廃墟と化している。かつては144世帯が暮らしていたが、1970年代にシャルル・ド・ゴール空港が開港すると、ひっきりなしに発着する飛行機の騒音に耐えかね、住民が逃げ出した。パリの航空ショー開催中に、超音速輸送機のツポレフTu-144が村に墜落し、地元住民8名が犠牲になったことも追い打ちをかけた。

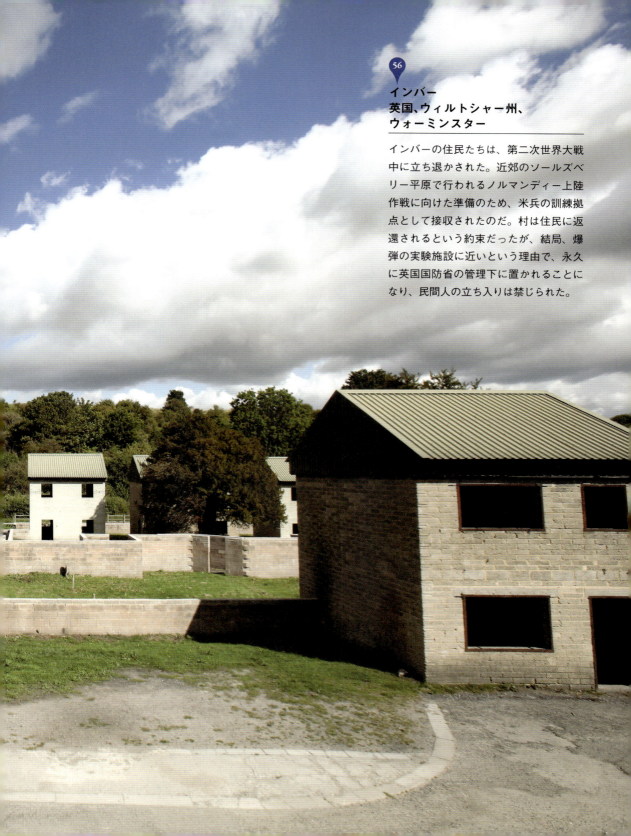

56
**インバー
英国、ウィルトシャー州、
ウォーミンスター**

インバーの住民たちは、第二次世界大戦中に立ち退かされた。近郊のソールズベリー平原で行われるノルマンディー上陸作戦に向けた準備のため、米兵の訓練拠点として接収されたのだ。村は住民に返還されるという約束だったが、結局、爆弾の実験施設に近いという理由で、永久に英国国防省の管理下に置かれることになり、民間人の立ち入りは禁じられた。

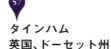

タインハム
英国、ドーセット州

インバーと同様、225人が住んでいたタインハムも、ノルマンディー上陸作戦の準備のため、1943年に軍に接収された。戦後もやはり民間に返還されることはなく、歩兵と装甲部隊の訓練基地として使用された。写真の田舎家や古風な電話ボックスが、時代に取り残された雰囲気を醸し出している。1943年に退去を強制された時、住民たちに与えられた猶予はわずか1カ月だった。政府が住民へ宛てた手紙には、「英国政府は、この度のことで皆さんが並々ならぬ犠牲を払われていることは承知していますが、勝利を手にするため、快く協力していただけるものと確信しています」と記されていた。住民たちはいったん立ち退いたが、当然戻るつもりでいた。当時の住民の一人ヘレン・テイラーは、村を使用する兵士たちに向けたメモを、教会の扉に貼った。「どうか教会や家を大切に扱ってください。自由を守るための戦争に協力するため、私たちが代々住んできた家をお貸しします。いずれはここに戻り、あなた方が村を大切にしてくださったことに感謝することでしょう」。結局、村は住民に返還されず、1974年に政府に請願書が出されたものの、帰還は認められなかった。それでも国防省は、以前より規制を緩め、週末の立ち入りを認めている。タインハムは現在、英国陸軍の装甲車の演習場の一部となっている。

58 ピラミデン
ノルウェー、スバールバル諸島、スピッツベルゲン島

ピラミデンは、1910年にスウェーデンが北極圏のスバールバル諸島に築いた炭鉱の町だ。1927年にソ連に売却され、生産の最盛期には町の人口は約1000人に上った。しかし1990年代までに島の炭鉱業は衰退、1998年10月に、最後まで残っていた住民も島を去った。

ピラミデン
ノルウェー、スバールバル諸島、スピッツベルゲン島

ピラミデンは誇らしげで挑戦的な雰囲気をまとっている。ここに写っているのは、かつて町があり産業が営まれていたことを示すモニュメントだ。その傍らには、1998年にここで採掘された最後の石炭が置かれている。多くの廃墟の例に漏れず、ピラミデンにも小さなホテルや観光客向けの施設が新たにつくられ、人気を呼んでいる。

クウォミノ
ポーランド

ポーランド北西部のシュチェチネクにほど近いクウォミノは、第二次世界大戦と共産主義時代におけるポーランドの暗黒の歴史を象徴する、不気味な町だ。戦時中はドイツの占領下にあってヴェストファーレンホフと呼ばれ、守備隊の駐屯地兼ポーランド人とフランス人の捕虜収容所として使われていた。1945年にソ連が町を解放した後、正式に赤軍の基地となったが、1993年に軍が放棄した。ポーランド政府は、新たな買い手と開発業者を募集しているが、現在のところ実を結んではいないようだ。

コパチ
ウクライナ

さびついた2段ベッドが並ぶ、背筋が寒くなるような光景。ここは、チェルノブイリ原子力発電所からわずか7キロに位置するコパチ村の幼稚園だ。1986年4月26日、チェルノブイリ原発の4号炉がメルトダウンを起こした後、大爆発と火災が発生し、大量の放射性物質が放出されるという未曽有の災害に発展、村は瞬く間に放棄された。

**プリピャチ
ウクライナ**

プリピャチはチェルノブイリ原子力発電所に近接していたせいで消滅した、世界的に有名なゴーストタウンだ。放射線量の値は次第に下がり、政府による市の再生の努力が実を結び始めてはいる。しかしながら、依然として原発の30キロ圏内は立入制限区域となっており、プリピャチもその中に含まれている。

北米

本章で紹介するゴーストタウンは、いわゆるアメリカンドリームの成れの果てだ。どの風景も、一攫千金の夢が、いかにもろくはかないものであったかを物語っている。金鉱や銀鉱の発見、そして大陸を覆う壮大な鉄道網の出現を経て、急激に商業活動が活性化し、人々の自信と相まって、次々と町が生まれていった。美しくも厳しい自然の中に造成された急ごしらえの町は、ほとんどが100年にも満たない間ではあったが、活況を呈し輝きを放った。一部の者は財を成し、多くの人々はそれなりに生計を立てていたが、やがて報いが訪れる。金や銀は採掘しつくされ、じわじわと、あるいは不意に襲ってくる自然災害後の再建に人々は疲弊していった。鉄道や道路のルートが変更されて町が孤立すると、暮らしは立ち行かなくなり、住民は新天地を求めて次々と去っていった。やがて町は活気を失い、ゴーストタウンと化した。それでも、廃墟となった町は、今でも力強いメッセージを発信し続けている。好景気の時は、いつまでも続くと思いがちだが、実際には時は刻々と流れていて、良くも悪くも運命は変化していくものなのだという警鐘を鳴らす存在となっている。それにしても、北米のゴーストタウンを見ていると特に、この大陸が商業活動の勢いと楽観主義だけで形成されてきたことに気づかされる。町があったのは非常に厳しい自然にさらされている将来性のない土地で、人々は純粋に意志の力だけで町を築き、生計を立てていたのだ。

左：
ケネコット銅山
米国、アラスカ州、バルディーズ・コルドバ

アラスカの辺境の地にあるこの銅山では、ケネコット・マイニング・コーポレーションが5つの採掘場を経営していた。1903年に町が築かれ、平均を上回る賃金に引かれてやってきた、採掘や選鉱を担う労働者が住んでいた。1930年代末に銅が枯渇すると、町は放棄された。

ベントン・ホットスプリングス
米国、カリフォルニア州

ベントン・ホットスプリングスは、カリフォルニア州とネバダ州の州境沿いに築かれた、急ごしらえの町だ。1860年代に銀鉱山の町として築かれ、約5000人の人口を抱えるまでに成長した。カウボーイが立ち寄る酒場もあった。写真は昔の鉱山作業員の小屋で、150年たった今でも、自然に抗うかのように砂漠の中に残っている。

**ドローブリッジ
米国、カリフォルニア州、
サンフランシスコ湾**

19世紀、拡張し続ける北米の鉄道網沿いには、非常に多くの町が誕生した。その中の一つ、ドローブリッジは、1876年にサウス・パシフィック・コースト鉄道によって、サンフランシスコ湾南部のステーションアイランドに建設された。ドローブリッジには、アルコールの密売所（禁酒法時代の違法な酒場）や売春宿があり、住民は重武装していたため、常に無法地帯のイメージが付きまとっていた。

**ドローブリッジ
米国、カリフォルニア州、
サンフランシスコ湾**

ドローブリッジに残る、打ち捨てられた掘っ立て小屋。禁酒法が廃止されると、町の魅力は薄れ、次第に活気を失っていった。湿地帯が町を飲み込みつつある。

上:
ドローブリッジ
米国、カリフォルニア州、サンフランシスコ湾

ドローブリッジの湿地に架けられた壊れそうな木製の歩道。現在でも、ドローブリッジへの移動手段は鉄道以外にない。

左:
ドローブリッジ
米国、カリフォルニア州、サンフランシスコ湾

ドローブリッジの朽ち果てた小屋。かつてのにぎわいはみじんも感じられない。1880年代の最盛期には、パーティー会場として人気を博し、週末になると1000人もの人々が汽車で押し寄せた。

65 ソルトンシティ
米国、カリフォルニア州

コロラド川の洪水で形成された巨大な内陸湖であるソルトン湖のほとりにあるソルトンシティは、1950年代から1960年代にかけて人気のリゾート地だったが、環境破壊の影響を直接被った。1970年代に農業用水による汚染が原因で湖の魚が全滅、死骸が悪臭を放ち、町の魅力は瞬く間に失われてしまった。人口が着実に減少していき、ほぼ無人となり、現在では荒れ果てている。

ビュートデール
カナダ、ブリティッシュ・コロンビア州、プリンセスロイヤル島

美しい風景の中に建っているのは、サーモンの缶詰工場。放置されているも同然で、現在は数人の無断居住者が自給自足で暮らすだけの廃墟となっている。カナダや米国には、天然資源の枯渇が原因で町や設備を維持できなくなり、ゴーストタウン化したケースが数多く存在する。

67 ドロシー
カナダ、アルバータ州

アルバータ州ドロシー村に、ひっそりと建つ昔の家。ほかにも廃屋が数軒残るこの村落は、20世紀の初めに誕生し、農場経営者の娘の名がつけられた。着実に人口や施設を増やしていったが、最盛期でも100人足らずの小さな村だった。村の財政を支えていた三つの巨大な穀物倉庫が失われて以降、次第に衰退していった。

68 フュージリアー
カナダ、サスカチュワン州

フュージリアーに残る住居と、三つある穀物倉庫の一つ。1938年に硫酸ナトリウム工場が閉鎖されたことや、世界大恐慌による打撃が原因で人口が流出した。

69 ギャリリー
カナダ、サスカチュワン州

1913年に誕生したギャリリーも、1950年代と1960年代に施設の閉鎖が相次ぎ、誕生から50年ほどで、サスカチュワン州の他の廃村と同じく、終えんを迎えた。

ネイドパス
カナダ、サスカチュワン州

ネイドパス村は、スコットランドのピーブルス近郊にあるネイドパス城にちなんで命名された。奥に写っているのは、昔の教会と穀物倉庫だ。

ナム
カナダ、ブリティッシュ・コロンビア州

ブリティッシュ・コロンビア州沿岸の温帯雨林グレート・ベア・レインフォレストにあるナムは、缶詰工場と漁業の町として1893年に誕生したが、1970年代に閉鎖された。さびた船から漏れる油が、深刻な環境汚染を引き起こしている。

72
右：アッシュクロフト
米国、コロラド州、アスペン、キャッスル・クリーク・バレー

アッシュクロフトは19世紀に銀鉱山の町として築かれ、後に米陸軍の第10山岳師団の冬季の訓練基地として使用された。

73
右のページ：セントエルモ
米国、コロラド州

セントエルモに、かなり保存状態の良い山岳地帯のゴーストタウンだ。ここもかつては金と銀の鉱山の町で、一時は2000人が暮していた。

74

**アニマス・フォークス
米国、コロラド州**

アニマス・フォークスは、サンファン山脈の高地に位置する。19世紀の鉱山の町で、1920年代に放棄された。もともとの町名はスリー・フォークス・オブ・アニマスといい、アニマス川を含む3つの川の合流地点に当たることから名づけられた。冬の自然環境は厳しく、鉱山から大きな利益が得られなくなると、多くの人々が町を去った。

75

**ジョンソンビル
米国、コネチカット州**

工場の町ジョンソンビルでは、漁網糸の製造業が営まれていた。最後の住人が1998年に町を去ったものの、今も往時の雰囲気をたたえている。2014年に190万ドルで売却された。

バナック
米国、モンタナ州

住む人のいないバナックの町を、雪のじゅうたんが覆う。バナックは1862年に築かれ、一時はモンタナ準州の首都となり、人口1万人規模の都市に成長した。市民の多くは地元の金鉱業に従事していた。現在も60ほどの歴史的な建造物が残っており、1961年に米国国定歴史建造物に指定されている。

77 ドゥーリー
米国、モンタナ州

打ち捨てられたこの教会は、モンタナ州シェリダン郡ドゥーリーの町に唯一残る建物だ。1913年にスー・ライン鉄道の支線の駅周辺に町が建設され、商店や郵便局、写真のロッキー・バレー・ルーテル教会のほか、三つの大きな穀物倉庫も建っていた。だが、火災、竜巻、疫病などの度重なる厄災や厳しい冬が多くの人の命を奪い、町は1957年までに放棄された。

78

ゴールドフィールド
米国、ネバダ州

ゴールドフィールドは無人というわけではない。現在の人口は約250人。1913年に3万人もの住民がいたことを考えると、その衰退の激しさがわかる。町は1903年に近郊で金が発見されたのを契機に建設され、急速に人口が増加するとともに、金鉱から得られる巨額の利益で潤った。1906年には1100万ドル相当の金が採掘されている。だが金は、発見時と同じように唐突に底を突き、人口も利益もみるみる減少していった。

グレンリオ
米国、ニューメキシコ州およびテキサス州

グレンリオはニューメキシコ州とテキサス州の州境にまたがる町だ。ちょうど境界上にあるため、町のガソリンスタンドは、販売価格を臨機応変にニューメキシコ州のものにしたり、テキサス州のものにしたりしていたほどだ。この辺境の町は、もともとロック・アイランド・アンド・パシフィック鉄道の駅の所在地で、オザーク・トレイルや国道66号線が通っていた。だがやがて交通網が見直されてグレンリオ駅が閉鎖されると町はさびれ、1980年代に放棄された。

上：
ホワイトオークス
米国、ニューメキシコ州

1885年建築のブラウン・ストアは、ニューメキシコ州の歴史的な町ホワイトオークスに残る建物だ。ホワイトオークスは、19世紀のゴールドラッシュを背景に米国南部に続々と誕生した町の一つだった。町は活気に満ち、ビリー・ザ・キッドも訪れたが、金鉱が底を突き、鉄道が町を迂回するようになって衰退した。

下：
モゴヨン
米国、ニューメキシコ州

ヒラ国立森林公園内の標高2702メートルの高地にあるモゴヨンからは、シルバー・クリーク・キャニオンの絶景を見下ろすことができる。周囲の山々で金や銀が産出され、1870年頃に町がつくられたが、鉱業の規模が縮小したことで20世紀の前半に衰退した。

**モゴヨン
米国、ニューメキシコ州**

モゴヨンの廃墟。夏の日差しが降り注ぐ美しい風景だが、当時のモゴヨンでの暮らしは過酷だった。鉱山労働者は呼吸器系の疾患に悩まされ、町は定期的に洪水や火災に見舞われた。

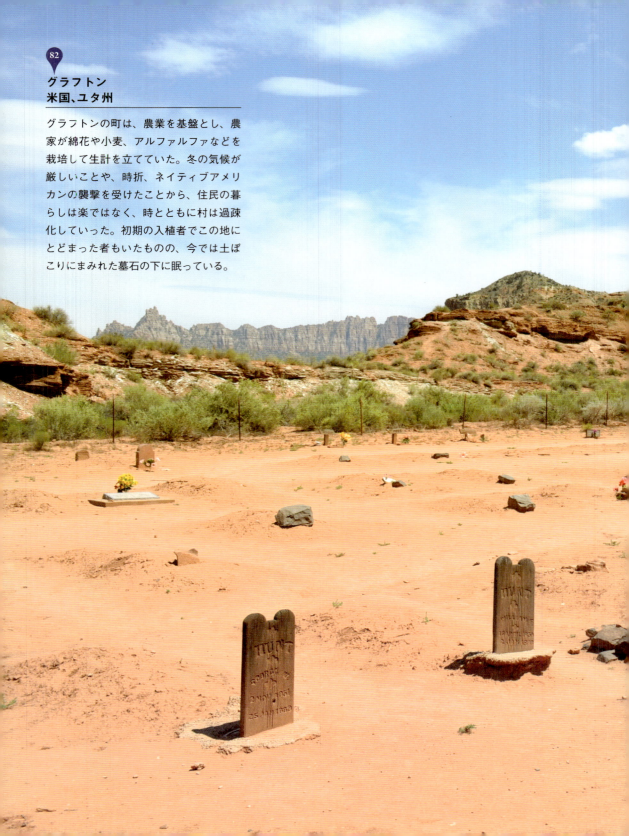

グラフトン
米国、ユタ州

グラフトンの町は、農業を基盤とし、農家が綿花や小麦、アルファルファなどを栽培して生計を立てていた。冬の気候が厳しいことや、時折、ネイティブアメリカンの襲撃を受けたことから、住民の暮らしは楽ではなく、時とともに村は過疎化していった。初期の入植者でこの地にとどまった者もいたものの、今では土ぼこりにまみれた墓石の下に眠っている。

中南米

左：
**オハエラ
メキシコ、コアウイラ州**

この古い教会は、メキシコ北部のオハエラの金鉱や銀鉱で働く人々にとっても、信仰は大切なものであったことを物語っている。この地域の鉱山の採掘は16世紀に始まったが、オハエラの町が繁栄したのは19世紀のことだ。20世紀初めには鉱脈が尽きた。

中南米は、ほかのどこよりも世界の人々の関心を引きつける場所だ。ゴーストタウンの多くが、アンデスの高原の頂や、うっそうたる熱帯雨林の奥地といった、圧倒的に美しい風景の中に存在しているからだ。雄大で美しい自然を背景にしたゴーストタウンは、一層、幻想的な雰囲気をまとっているように見える。しかし、旅行者の目に映る世界と、実際にそこで生活していた人々が目にしていた世界は何もかも違っているということを、決して忘れてはならない。中南米の辺境の地や高地で働いていた人々には、周囲の美しい景色に思いをめぐらす時間も心のゆとりもなかっただろう。実際、労働がもたらす極度の疲労や職業病に加え、空気の薄い土地での氷点下の冬や、うんざりするほどの熱帯の湿度といった、自然の厳しさにも耐えなければならなかった。その上、鉱山の閉鎖や集落の離散といった憂き目にも遭遇した。そういった事柄に思いを馳せれば、南米のゴーストタウンには、簡単には語れない、人間の歴史が詰まっているのだと気づかされる。自然や他の人間たちによってもたらされた逆境にあえぎながらも、何とか耐え、生き抜こうとした人々の足跡が刻まれている。

84
プラカヨ
ボリビア、ポトシ県

ボリビア南西部にあるプラカヨは、19世紀の銀鉱山の町で、乾燥した気候ゆえに驚くほど保存状態が良い。歴史の余韻を漂わせる蒸気機関車は、ボリビア初の蒸気エンジン、エル・チリパを搭載している。悪名高いブッチ・キャシディとザ・サンダンス・キッドが列車強盗を働いたことでも知られている。

プラカヨ
ボリビア、ポトシ県

プラカヨの町の遠景。近隣の銀鉱山は、地中数キロにわたって坑道が延びており、現在でも、ベニランのガイドとともに探検することができる。1959年に鉱山が閉鎖され、町の歴史の最終章に終止符が打たれた。

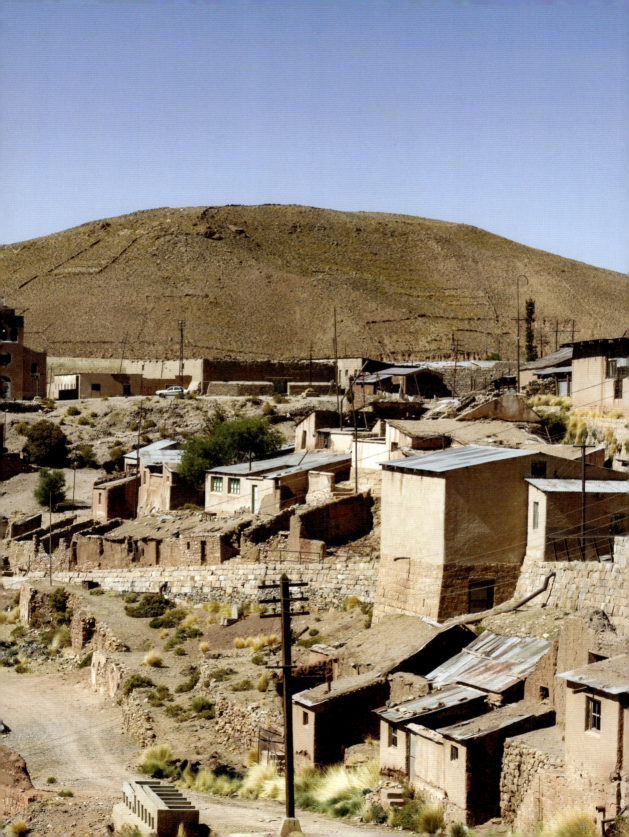

上:
サン・アントニオ・デ・リペス
ボリビア、ウユニ

この金鉱山の町の歴史は16世紀に遡る。現在、近隣地域の人々は農業で生計を立てており、ヒツジとリャマの畜産業のほか、ジャガイモやキヌアの栽培が行われている。

右のページの上:
サン・アントニオ・デ・リペス
ボリビア、ウユニ

崩れ落ちたサン・アントニオ・デ・リペスの建物。かつての繁栄の面影は時の流れとともに失われてしまったが、最盛期には鉱山周辺に15万人ほどが住んでいたと推定されている。

右のページの下:
サン・アントニオ・デ・リペス
ボリビア、ウユニ

放棄されたサン・アントニオ・デ・リペスの町には暗い伝説がいくつか残されている。富に目がくらんだ鉱山労働者が悪魔と契約したが、その約束を破ったために、町に呪いがかけられたのだという言い伝えもある。

フォードランディア　ブラジル、パラー州

フォードランディアは、自動車産業界の大物、ヘンリー・T・フォードその人による、途方もない実験的事業の夢の跡だ。フォードは、英国がゴムの生産を独占する中、自社でのゴムの生産を目指し、1920年代半ばに土地を取得、巨大な生産設備を整え、約1万人の従業員が暮らす理想的なゴム園を建設しようと考えた。1929年に着工し、完成した敷地内には、病院、学校、図書館、ゴルフ場、プール、ダンスホールなど、現代的な施設が完備していたが、理想郷にはならなかった。ゴムの樹液の採取は骨の折れる作業だった上、住民には非常に厳しい社会的規範が課せられた。米国人管理職は、現地従業員の待遇に関しても、熱帯植物の知識という点でも素人で、工場はほとんど利益を生まなかった。1930年には反発した従業員による暴動が起り、1934年にフォードはこのプロジェクトを断念した。

チャイテン
チリ、ロスラゴス州

チャイテンは何世紀もの間、チャイテン火山のふもとにあった町だが、2008年5月、ついに火山が9000年の沈黙を破った。住民が命からがら避難する中、火山灰が町に降り注ぎ、5月12日にはブランコ川を流れ下った火山泥流が押し寄せ、大半の建物やインフラが破壊された。

88
**チュキカマタ
チリ**

驚くほど現代的なゴーストタウンのチュキカマタは、世界最大の露天掘りの銅山労働者のために建設された町だが、2007年に放棄された。採掘の影響により、大気中に含まれる有害な粉塵やガスが危険なレベルにまで達していることが判明したからだ。

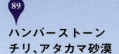

ハンバーストーン
チリ、アタカマ砂漠

19世紀末から20世紀初めにかけて、世界のチリ硝石（硝酸ナトリウム）のほとんどがアタカマ砂漠で採掘されていた。ハンバーストーンは硝石産業で発展した町の一つだ。1872年に建設され、英国の化学技術者であるジェームズ・ハンバーストーンにちなんで名づけられた。チリ硝石産業は、第一次世界大戦中に合成の代用品が発明されたために衰退し、ハンバーストーンは瞬く間にゴーストタウンと化した。

スウェル鉱山都市
チリ、アンデス

アンデス山脈の標高2000メートルという途方もない場所に位置するスウェル鉱山都市は、1905年にブラデン・カッパー社が、鉱山労働者の住居を確保するために築いた町で、ここに写っている集合住宅には世界最大の地下銅山エルテニエンテの労働者が暮していた。物資の輸送の便が悪いことに加え、鉱山の所有者が変わるなどして、町は1970年代に放棄された。

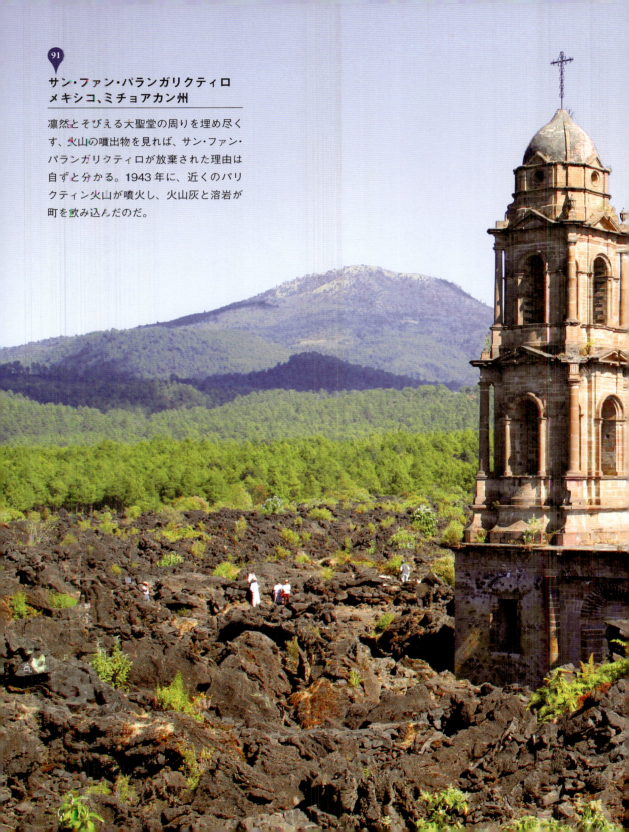

91 サン・ファン・パランガリクティロ
メキシコ、ミチョアカン州

凛然とそびえる大聖堂の周りを埋め尽くす、火山の噴出物を見れば、サン・ファン・パランガリクティロが放棄された理由は自ずと分かる。1943年に、近くのパリクティン火山が噴火し、火山灰と溶岩が町を飲み込んだのだ。

オーストラリア

オーストラリアのゴーストタウンの最大の特徴は、人里離れた辺境にあるということだ。オーストラリアの国土は世界で6番目の面積があり、極めて広大な大陸だが、現在、その人口2500万人の89パーセントは、大陸を取り囲む海岸沿いの狭い環状の地域に集中している。オーストラリアの陸地の総面積が770万平方キロメートルであることを考え合わせると、大陸全体の人口密度がいかに低いかがわかるだろう。実際、オーストラリアの人口密度は、モンゴルに続いて世界で2番目に低い。国土のほぼ90パーセントが水不足で、農業に適していないため、居住不可能と認定されている。だが、ここで紹介するゴーストタウンには、ほんの数十年という短い期間ではあったにしろ、人間に牙をむく厳しい自然の中で生き延びようとした人々がいた。その多くは、鉱山や鉄道周辺に集中しており、いっときとはいえ、人口が爆発的に増えた都市もある。例えば、キアンドラは、無人に近い状態から、わずか1年足らずで人口1万人を超える町にまで成長した。鉱山が町や経営者を潤さなくなると、とたんに町は無人と化した。オーストラリアの内陸部は水が乏しい上、奥地には危険な野生生物が生息し、植生が少なく、厳しい熱帯の気候であることを考えると、よほど図太い神経の持ち主か無鉄砲な人間でないと住もうとは思わないだろう。

左：
ファリナ
オーストラリア、リンドハースト・マリー・ロード

崩れ落ちた建物は、アデレードの北650キロほどの奥地にあったファリナのトランスコンチネンタルホテル跡だ。1878年にここに農村が誕生し、最盛期には600人ほどが暮らしていたが、過酷な気候のせいで、次第に住人たちに見捨てられていった。

93
**グワリア
オーストラリア、西オーストラリア州**

1963年まで、グワリアの町は近郊のオーストラリア屈指の金鉱山、サンズ・オブ・グワリアに財政を支えられていた。だが1921年の大火災以降、鉱山の収益性が下がり、長期にわたる財政難や金の精錬技術に関する諸問題に悩まされて1963年に閉山を余儀なくされたため、グワリアの人口は大幅に減少した。興味深いことに、1980年代から、鉱山を再生させようという試みがなされている。

94

**キアンドラ
オーストラリア、ニューサウス
ウェールズ州**

キアンドラの一帯は、何世紀にもわたり先住民アボリジニの居住地だったが、1859年から入植者が殺到した。スノーウィー山脈で金が発見されて以来、何千人もの人々が金を掘り当てようと押し寄せ、家を建てたのだ。ただ、ほとんどの人は2年ともたずに突然この地を去っていった。1905年まではかろうじて金の採掘が続いていたが、その後は町の大部分が無人となった。冬には雪が積もるため、キアンドラ近郊では毎年スキーの大会が開催される。

**左のページと左：
キアンドラ
オーストラリア、ニューサウスウェールズ州**

比較的過ごしやすい季節のキアンドラの写真。わずかな建物の残骸には、14軒のパブの他に54軒ものさまざまな店舗が建ち並ぶ人口1万5000人の町だったことを思わせるものは何もない。キアンドラ住民の多くは、実は中国からの移民労働者だった。

 95

**下：ニューンズ
オーストラリア、ニューサウスウェールズ州**

シドニーの北西189キロに位置するニューンズには、かつてオイルシェールの採掘場があった。ここに写っているのは、20世紀初頭にコモンウェルス・オイル・コーポレーションがつくったレンガの貯蔵タンク跡だ。町は長続きせず、1940年の時点で採掘関連の仕事で生計を立てていたのは、わずか4家族だった。それでも1980年代までは住民がおり、ホテルもあった。

シルバートン
オーストラリア、ニューサウスウェールズ州

シルバートンも1880年代に誕生した、辺境の鉱山の町だ。町は銀、鉛、亜鉛の採掘で潤い、10年とたたないうちに商業地域としての機能を備えるまで発展し、地方議会を持ち、多くの企業やスポーツチームが設立され、地域間を結ぶ鉄道も開通した。だが近隣のブロークンヒルで、さらに規模の大きな鉱床が発見されると、町は衰退し始める。シルバートンの多くの建物が解体され、ブロークンヒルに運ばれて再建された。40人に満たないごくわずかな人々が、今でもシルバートンで暮らしている。

マウント・マリガン
オーストラリア、クイーンズランド州

マウント・マリガンは、悲劇的な出来事で歴史を閉じた炭鉱の町だ。石炭採掘が始まって11年がたった1921年、地下で大爆発が起き、75人の炭鉱夫が犠牲になった。マウント・マリガンはこの事故から完全に立ち直ることができず、1960年代までに事実上ゴーストタウンと化した。下草に覆われた大地に、炭鉱施設の跡が残る。

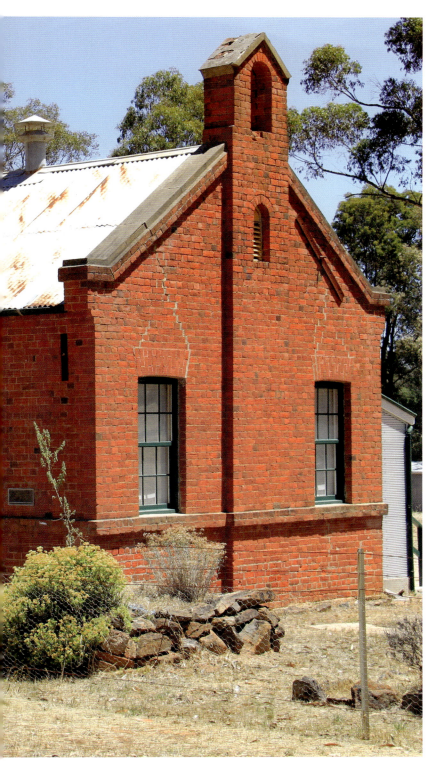

モリアガル
オーストラリア、ビクトリア州

メルボルンの北西約202キロに位置するモリアガルは、小さな金鉱山の町だったが、貴重な宝物を産出した。1869年2月5日、探鉱者のジョン・ディーゾンとリチャード・オーツが世界最大の金塊を発見したのだ。重さは2315.5トロイオンス（72.02キログラム）もあり、「ザ・ウェルカム・ストレンジャー・ナゲット」と名づけられた。ただ、多くのオーストラリアの金鉱の町と同様、モリアガルも瞬く間に成長し、その後はゆっくりと衰退の道をたどり、1970年代までにはゴーストタウンと化した。

ウィトヌーム
オーストラリア、西オーストラリア州、ピルバラ

パースの北東1106キロに位置するウィトヌームは農村だったが、1930年代にアスベストが発見されると、鉱山の町として一変した。30年にわたりブルーアスベストの生産が続けられたが、重大な健康被害が発覚し、1960年代に採掘場も町も閉鎖された。

南極

本章で取りあげる町には、捕鯨にかかわっていたという共通点がある。肉や油や脂身などを得るためにクジラを殺す行為は昔から行われてきたが、19世紀から20世紀初めにかけて捕獲量が著しく増加し、世界中のさまざまな種のクジラが絶滅の危機にさらされた。捕鯨砲を備えた高速船の登場により、外洋でクジラを仕留めることが可能になり、かつてない規模で乱獲されるようになったからだ。1900年代初めに殺されたクジラは、それまでの400年間に捕獲された数の合計を上回ると推定されている。船上でクジラの解体ができる捕鯨船がつくられるようになるまで、捕獲されたクジラは捕鯨基地で解体されていた。クジラが豊富な海に近い南極の島々は、捕鯨基地として最適だった。現在の反捕鯨の風潮にあっては、捕鯨基地で過酷な仕事に就き、故郷から何千キロも離れた最果ての地で死んでいった人々に、憐憫のまなざしが注がれることはあまりないかもしれない。それでも、捕鯨基地だった町の殺伐とした風景を目にすれば、この仕事がどれほど過酷なものであったかを思い起こさずにはいられない。捕鯨産業は成功の代償を支払い、環境問題への意識の高まりもあって20世紀に衰退、残された捕鯨基地は、南大西洋の荒々しい気候にさらされ、風化が進んでいる。

左：
デセプション島
南極

「ごまかし」を意味する、暗示的な名前を持つデセプション島は、1819年から1920年までの間、アザラシの毛皮処理場の中心地となり、その後は捕鯨基地として使われた。クジラの解体が船上で行われるようになって町が衰退してからも、科学調査基地として利用されていたが、島が活火山であるため、人が定着することはなかった。

プリンスオーラブ捕鯨基地
南大西洋、サウスジョージア島

サウスジョージア島北部の海岸に位置するプリンスオーラブは、アザラシの毛皮とクジラの肉、油、脂身で潤っていた。主にノルウェーの基地として使われていたため、同国のオーラブ皇太子の名がつけられた。1931年に放棄されている。

グリトビケン捕鯨基地
南大西洋、サウスジョージア島

寒々とした風景が広がるグリトビケンも南大西洋の捕鯨基地だったが、乱獲により世界のクジラの数が激減したため操業を停止した。朽ちた建物の中には今でも、残酷な産業によって殺された何千頭ものクジラの骨が白く凍てついて横たわっている。

グリトビケン捕鯨基地
南大西洋、サウスジョージア島

最果ての地の厳しい環境を如実に物語る、グリトビケン捕鯨基地周辺の光景。貯蔵タンクや建物は朽ち果て、かつての波止場に放置された沈みかけた捕鯨船は、さびと氷のように冷たい海水のせいで穴が開いている。これほど過酷な土地でありながら、グリトビケンは幾度か歴史的な出来事の舞台となり、人々の記憶に刻まれている。英国の英雄、探検家サー・アーネスト・シャクルトンは、1914年から1917年の南極遠征中に遭難した帝国南極横断探検隊の隊員救出の際、グリトビケンを拠点にした。グリトビケンのすぐ南には、昔の捕鯨船員たちの墓に囲まれてシャクルトンの墓がある。また、グリトビケンは、1982年のフォークランド紛争の初期に戦闘が行われた場所でもある。4月3日にアルゼンチンの海兵隊が侵攻し、22名の英国海兵隊と2時間にわたる戦闘を繰り広げた。数で圧倒的に上回るアルゼンチン海兵隊を前に、英国海兵隊はいったん投降したが、それも束の間、3週間後に英国軍が再上陸し、4月25日にグリトビケンを奪還した。捕鯨基地自体は使われなくなって久しいが、時折訪れる観光客などに対応するため、現在も20人ほどが常駐している。かつての捕鯨基地の管理者の屋敷跡は、サウスジョージア島博物館となっている。

リース港
南大西洋、サウスジョージア島

今となっては名誉なこととは言いがたいが、リース港は、世界屈指の捕鯨基地として名を馳せた、サウスジョージア島に点在する七つの港の一つだ。操業していた1909年から1965年の間に、基地では4万8000頭という想像を絶する数のクジラが解体された。マーガリンから肥料まで、クジラを原料とするさまざまな製品がつくられ、統計データによると、1933年当時、英国のマーガリンの実に33パーセントが鯨油を原料としていたという。基地を経営していたのはエディンバラの捕鯨会社クリスチャン・サルベセンで、最盛期には500人もの屈強な男たちが雇われ、冷たく、濡れた場所での重労働が何時間にもわたり続けられた。捕鯨基地としての運営は、日本企業2社が基地をリース契約していたシーズンを最後に1965年で終了し、それ以降はほぼ放置された状態だった。リース港を含め、サウスジョージア島は、時として軍事活動の舞台にもなった。リース港は、第二次世界大戦中（1939年～45年）は英国海軍の武装商船の偵察拠点となり、フォークランド紛争時には、アルゼンチンに最初に占領された。金属スクラップ業者を装った50人のアルゼンチン兵が捕鯨基地を占拠したのだ。現在、港に陣取っているのは、海鳥、ペンギン、アザラシだ。繁殖シーズンのアザラシは極めて狂暴になるので、その時期には基地に近づかないほうが賢明だろう。

**ストロムネス
南大西洋、サウスジョージア島**

ストロムネス湾の三つの港の一つストロムネスも、サウスジョージア島の主要な捕鯨基地だった。帝国南極横断探検隊が遭難した際、救助を求めて島を横断したアーネスト・シャクルトンと二人の隊員は、1916年5月20日、この地でようやく人と巡り会えた。

世界 ゴーストタウン マップ

中央アジア *Central Asia*

11　アグダム……p.28
12　オトラル……p.30-31
13　ドッセル……p.32-33
14　アブハジア……p.34-39
15　カブールからチャリカール・ロード……p.40-41

東アジア *East Asia*

1　テムズタウン……p.6
2　呈貢（チェンゴン）……p.8-11
3　オルドス……p.12-13
4　天都城……p.14-15
5　ボーコー・ヒル・ステーション……p.16-17
6　端島（はしま）……p.18-19
7　パパン……p.20-21
8　スンガイ・レンビン……p.22-23
9　三芝（サンジー）UFOハウス……p.24-25
10　ワット・プラシーサンペット……p.26-27

中東 *Middle East*

26 ソルターニーイェ……p.64
27 サップ・バニ・ハミス……p.66-67
28 ワディ・バニ・ハビブ……p.68
29 アル・フウェイル……p.69
30 ヒジャーズ鉄道……p.70-71
31 アル・ウラー……p.72-73
32 アパメア……p.74-75
33 クネイトラ……p.75-77
34 アニ……p.78-81
35 カヤキョイ……p.82-83

インド亜大陸 *The Indian Subcontinent*

16 ビジャヤナガル……p.42, p.44-45
17 ジャハズ・マハール……p.46-47
18 ポートブレア……p.48-49
19 聖アウグスティノ修道院……p.50-51
20 クルダラ……p.52-53
21 ゴールコンダ城砦……p.54-55
22 ラクパト要塞……p.56-57
23 ファテープル・シークリー宮殿のパンチ・マハル……p.58-59
24 バーンガル……p.60-61
25 パナムシティ……p.62-63

アフリカ *Africa*

36　ソリテア……**p.84, p.86-87**
37　バイア・ドス・ティグレス……**p.88-89**
38　グラン・バッサム……**p.90-91**
39　シャーリー要塞……**p.92-93**
40　ウンム・エル・ハウェイタット……**p.94-95**
41　タウェルガ……**p.96-97**
42　ワルザザート……**p.98-99**
43　レイズドープ……**p.100-101**
44　スアキン……**p.102-103**
45　タメルザ……**p.104-105**

ヨーロッパ *Europe*

46　ブッサナ・ベッキア……p.106
47　チビタ・ディ・バーニョレージョ……p.108-109
48　アルジェンティエラ……p.110
49　バレストリーノ……p.110-111
50　ポンペイ……p.112-115
51　ヘルクラネウム……p.116-117
52　ハノバス……p.118-119
53　スピナロンガ島……p.120-121
54　セセーニャ・ヌエボ……p.122-125
55　グッサンビル……p.126-127
56　インバー……p.128-129
57　タインハム……p.130-131
58　ピラミデン……p.132-135
59　クウォミノ……p.136-137
60　コパチ……p.138-139
61　プリチャピ……p.140-141

227

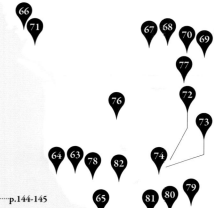

北米 *North America*

- 62　ケネコット銅山……p.142
- 63　ベントン・ホットスプリングス……p.144-145
- 64　ドローブリッジ……p.146-149
- 65　ソルトンシティ……p.150-151
- 66　ビュートデール……p.152-153
- 67　ドロシー……p.154-155
- 68　フュージリアー……p.156
- 69　ギャリリー……p.156
- 70　ネイドパス……p.157
- 71　ナム……p.157
- 72　アッシュクロフト……p.158
- 73　セントエルモ……p.159
- 74　アニマス・フォークス……p.158-159
- 75　ジョンソンビル……p.160-161
- 76　バナック……p.162-163
- 77　ドゥーリー……p.164-165
- 78　ゴールドフィールド……p.166-167
- 79　グレンリオ……p.168-169
- 80　ホワイトオークス……p.170
- 81　モゴヨン……p.170-171
- 82　グラフトン……p.172-173

中南米 *Central and South America*

83　オハエラ……p.174
84　プラカヨ……p.176-179
85　サン・アントニオ・デ・リペス……p.180-181
86　フォードランディア……p.182-183
87　チャイテン……p.184-185
88　チュキカマタ……p.186-187
89　ハンバーストーン……p.188-189
90　スウェル鉱山都市……p.190-191
91　サン・ファン・パランガリクティロ……p.192-193

オーストラリア *Australia*

- 92 ファリナ……p.194
- 93 グワリア……p.196-197
- 94 キアンドラ……p.198-201
- 95 ニューンズ……p.201
- 96 シルバートン……p.202-203
- 97 マウント・マリガン……p.204-205
- 98 モリアガル……p.206-207
- 99 ウィトヌーム……p.208-209

南極 *Antarctic*

- 100 デセプション島……p.210
- 101 サウスジョージア島……p.212-221

Picture Credits

Alamy : 4 (Prisma by Dukas Pressagentur GmbH/Heeb Christian), 6 (Arcaid Images/Ryan Koopmans), 19 bottom (Eric Lafforge), 34/35 (Reuters), 42 & 56 both (Dinodia Photos), 57 (Travel India), 66/67 (GFC Collection), 68 (James MacKintosh), 69 both (Eric Nathan), 88/89 (Radius Images), 89 top (Reuters), 89 bottom & 91 (Michael Dwyer), 94/95 (Joana Kruse), 98/99 (Yavuz Sariyildiz), 130 bottom (Powered By Light/Alan Spencer), 131 top (Joana Kruse), 137 bottom (Slawomir Kowalewski), 138/139 (Urs Gautschi), 142 (Morten Larsen), 148/149 (RWP Photography/Rick Pisio), 150/151 (Jon Arnold Images), 156 top & 157 top (All Canada Photos/Mike Grandmaison), 157 bottom (John Zada), 160/161 (DPA Picture Alliance), 166/167 (Prisma by Dukas Pressagentur GmbH/Heeb Christian), 170 top (Leon Werdinger), 170 bottom (Wiltold Skrypczak), 194 (David Wall), 196/197 (Jeffery Drewitz), 200 & 201 top (David Wall), 208/209 (Paul Mayall Australia), 212/213 (Arco Images), 214/215 (Don Paulson), 216 (Robert Harding/Michael Nolan), 217 both (Mint Images), 218 top (Kevin Schafer), 218 bottom (Robert Harding/Michael Nolan), 219 (Worldfoto)

Manu Beaudon : 126/127

Depositphotos : 5 (Ivenks), 92/93 (Ivenks)

Dreamstime : 18/19 (Sean Pavone), 18 bottom (Leung Cho Pan), 26/27 (Prasit Rodphan), 28 (Igor Dymov), 30/31 (Dmitry Chulov), 32/33 (Ian215), 36-39 all (Vladimir Zapletin), 46/47 (Amreshm), 48 top (Dushyant Kumar Thakur), 48 bottom & 49 (Matyas Rehak), 50/51a (Stefano Ember), 52/53 (Aliaksandr Masurkevich), 54/55 (Snehitdesign), 58/59 (Michelle Liaw), 60/61 (Rajesh Misra), 62 (Ivan Stanic), 64 (Radiokafka), 70/71 (Amelie Koch), 72/73 (Brizardh), 74/75 (Anotella 865), 76 top & 177 (Irina Opachevsky), 78/79 (Asafta), 80 (Murat Tegmen), 81 top (Witr), 81 bottom (Asafta), 83/83 (Adonis1969), 84 (Moreno Novello), 86/87 (Catherine Unger), 100 &101 (Compuinfoto), 104/105 (Sinastraub), 106 (Faaabi), 108/109 (Freesurf69), 110 top (Alepuffo), 110 bottom (Tinieder), 112/113 (Actiacti), 114 top (Janka 3147), 114 bottom (Ppl5806), 115 (Electropower), 116/117 (Adeliepenguin), 118/119 (Anibl Trejo), 131 bottom (Ian Woolcock), 132/133 (Dmitry Chulov), 134/135 (Coddie), 136 & 137 top (Mirek1967), 140/141 (Enolabrain), 144/145 (Michele Cornelius), 146/147 (Celso Diniz), 154/155 (Light & Magic Photography), 156 bottom (Pictureguy66), 158 top (Paul Brady), 158/159 (Americanspirit), 159 top (Lisa McKown), 162/163 (Mtsue), 168/169 (Kelsey Martineau), 171 (Cynthia McCary), 172/173 (Lora Parks), 174 (Jesus Eloy Ramos Lara), 176/177 (Bluedeep), 178/179 (Juergen Schonnop), 180 and 181 top (Piccaya), 181 bottom (Dimitri Yrnd), 184/185 (Tupatu 76), 186/187 (Martin Schneiter), 190/191 (Marcelo Vildosola Garrigo), 192/193 (Jesus Eloy Ramos Lara), 201 bottom (Jubilist), 202/203 (Magspace), 204/205 (Ekays), 206/207 (Kaloramaphotos), 210 (Derek Rogers)

Fotolia : 63 (Taqitahmid), 76 bottom (mg1708), 188/189 (Nora Doa)

Getty Images : 8/9 & 10/11 (VCG), 12/13 (Corbis/Qilai Shen), 14 (VCG), 15 both (Guillaume Payen), 22/23 (Mohd Samsul Mohd Said), 40/41 (UIG), 44/45 (Motographer/Pixelia/Karthik Janakiraman), 96/97 (Reuters), 102-103 all (Andia), 111 (Ullstein Bild), 122/123 & 124/125 (Andia), 128/129 (Matt Cardy), 130 top (James Osmond), 152/153 (National Geographic/Pete Ryan), 164/165 (National Geographic/Pete Ryan), 182-183 all (Corbis/Colin McPherson), 198/199 (Lonely Planet Images/Manfred Gottschalk) , 220/221 (Mohd Samsul Mohd Said)

Carrie Kellenberger : 24/25 (CC by 2.0)

Shutterstock : 16/17 (Ben Richards), 20/21 (Abd. Halim Hadi), 120/121 (Vilu)

ナショナル ジオグラフィック協会は1888年の設立以来、研究、探検、環境保護など1万4000件を超えるプロジェクトに資金を提供してきました。ナショナル ジオグラフィックパートナーズは、収益の一部をナショナルジオグラフィック協会に還元し、動物や生息地の保護などの活動を支援しています。

日本では日経ナショナル ジオグラフィック社を設立し、1995年に創刊した月刊誌『ナショナル ジオグラフィック日本版』のほか、書籍、ムック、ウェブサイト、SNSなど様々なメディアを通じて、「地球の今」を皆様にお届けしています。

nationalgeographic.jp

絶対に住めない
世界のゴーストタウン

2019年8月5日　第1版1刷
2022年1月21日　　　　2刷

著者	クリス・マクナブ
訳者	片山 美佳子
編集	尾崎 憲和
編集協力	大内 直美
装丁	渡邊 民人（TYPEFACE）
本文デザイン	清水 真理子（TYPEFACE）
発行者	滝山 晋
発行	日経ナショナル ジオグラフィック社 〒105-8308 東京都港区虎ノ門4-3-12
発売	日経BPマーケティング
印刷・製本	日経印刷

GHOST TOWNS
by Chris McNab

Copyright © 2018 Amber Books Ltd, London
Copyright in the Japanese translation © 2019
Nikkei National Geographic

This translation of Ghost Towns
first published in 2018 is published by
arrangement with Amber Books Ltd. thorough
Tuttle-Mori Agency, Inc., Tokyo

ISBN978-4-86313-438-6
Printed in Japan

乱丁・落丁のお取替えは、こちらまでご連絡ください。https://nkbp.jp/ngbook

NATIONAL GEOGRAPHIC and Yellow Border Design are trademarks of the National Geographic Society, used under license.

©2019 Nikkei National Geographic Inc.
本書の無断複写・複製（コピー等）は著作権法上の例外を除き、禁じられています。
購入者以外の第三者による電子データ化及び電子書籍化は、
私的使用を含め一切認められておりません。